Romã

Júlia de Carvalho Hansen

Romã

poemas

1ª reimpressão

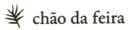
chão da feira

dedicatória

A todo amor que rompeu
a fibra da solidão
nenhum alerta
nunca deu origem a nada
no coração catapulta e *tsunami*
explicam os termos deste livro
te juro e até desculpo
faltam ainda os poemas sobre
nós o que não tive tempo
de viver ou mostrar pra você
a navalha entre os lábios formas
de te dizer só quero ouvir
você dizer que sim
sem molde todo risco e receio
o eu ardeu no íntimo
de gozar e estar a vir
comigo & contigo
pulsar do cosmos na pelve
vibrar da fera até o ori
como eu este livro
dedica-se a quem o ama
na vertigem do eco
no tear do mútuo
sem saber que o fazia teci
estes cordões de peles e absintos
também vibro em ti. Tua,

JCH

Assim te amo. Sabendo.
Degelo prendendo as águas.
Hilda Hilst

Belo belo. Tenho tudo que fere.
Ana Cristina Cesar

Apenas o golpe da graça – que se chama paixão.
Clarice Lispector

Foguetes em ignição

Leitor

Amo ao máximo o jeito de repente brusco do poema
uma folha que encontro caída onde o vento não a levaria
foi o gato no dia seguinte à ayahuasca com o real interesse
de comprar flores para oferecer simplesmente à escrivaninha.

Depois me fascinei pelo jeito meio de quem cresceu
vendo os irmãos jogarem Tetris e aprendeu a encaixar
o cerne de cada coisa no seu próprio quente difundido.
Fiquei em silêncio até ouvir.

Ouvi do cerne das conchas: nosso amor é espiritual
dá pra enrolar a língua nos cavalos de dentro do ouvido.
Foi aí então que encontrei um estilo. Estava
desvairadamente louca pelo encaixe das sílabas no mar.

No mar eu tive de me recriar.
A coisa mais antiga que eu já vi no mundo
não foi o Louvre nem a Unesco que me mostrou.
Foi um *canyon* de corais vermelhos no mar da China.

Falei de plantas até me tornar luz
tive a morte nas minhas mãos.
Hoje estou fascinada por vídeos de foguetes em ignição
o jeito que eles sobem contrariando a imaginação.

A maneira nítida e atritada de lidarem com o céu
é uma lição de inspirar coragem no mundo.
Não sei se gosto mais dos que atingem a atmosfera
ou dos que explodem e falham sem conseguir.

Sempre me impressionou a capacidade das palavras surgirem
e com o tempo passei a empilhá-las
só pra vê-las brilharem ou envelhecerem
como um rosto, um jornal ou os amigos da escola.

A vida segue tranquila até uma virada shakespeariana.

A metafísica interpretativa das sensações tem olhos
e contorce o corpo todo aberto na Via Láctea
deve haver um lugar melhor pras nossas línguas.
Quis ter a tua orelha – os teus olhos –
a minha voz. Toda crítica e derramada.

Reprimi o uso de tanto *que* causei certo alarde nas redes
vítreas sociais em que eu me afogo com o propósito
de que você veja e não veja que da próxima vez
da próxima vez em que eu for te ver
vou vestida com um colar de alhos
pendurado no pescoço.

Além dum aroma picante
não sei o que há entre nós
se é só uma nódoa, um anzol
ou meu velho hábito
de me meter em maus lençóis.

Me envolvo toda na fibra.
Faz pouco tempo
achei os amuletos certos
pra minha mesa de trabalho.
Se eu te escolhesse um nome
seria linho ou algodão.
Você teimava na gaveta.

Como pude perder o ritmo
forçar o *enjambement*
pra cima do nível do aceitável
me fazer sibilante e sinuosa, exagerar
nas analogias, assonâncias e ser toda
como se vulcões de lava
lavassem os fios dos teus cabelos.

Os ritos do encantamento e da maravilha
estudei e delirei, previ e até movi
montanhas pra te fazer de meu
alimentei na boca as manias da beleza.

Tive os dígitos mordidos
chaves entre as coxas
e a promessa de chupar até abrir
os cadeados entre os teus dentes
escondem a verdade e o sentido.

Te deixar
ciumento farejando
a minha sabedoria
é saber a vida.

A vida é um eterno dar biziu
curto-circuito ou *tilt*
nas faíscas do dia a dia
espero um dia dar em clarão
pé de romã tomando um sol
nítido, manso e morno.

A importância de ser ninguém

Ninguém furou meus olhos.
Ninguém nunca me tratou assim antes
com a ponta da lança no fogo
afiando nos meus olhos
a fúria dos dias elétricos
nos rompantes e nos bondes
é importante ser ninguém
pra poder ser cavalo
você tem que ser ninguém.
Ninguém faz uma dessas comigo.

Ninguém é seu amigo ou pode passar discreto
quando não há sombra no meio do abismo.
Mesmo Ulisses tinha às vezes um barco
mas ninguém por um instante foi
capaz de dar um salto e quebrar uma perna no espaço
respirar no pulmão de uma estrela não é pra qualquer um
nem a própria estrela teria a capacidade de ser
ninguém
é o astucioso
capaz de conhecer o real da realidade
e sobreviver. Lúcido, inaparente e imutável:
ninguém. Ninguém não é um gigante.
Mas eu me curvo a ninguém.

Quando ninguém olhar para a minha mão esquerda
não verá a direita
dentro do bolso
pois os dias estão frios.

Não há ninguém nas ruas depois de certa hora da noite
é agosto e neste hemisfério ninguém morre aos montes
— trata-se de uma ironia o verso anterior
e como toda ironia foi ninguém que a colocou aí.

Não fui eu quem disse
foi tantas vezes dito que já foi por ninguém
é importante dizem os autores que o autor seja ninguém
eu autora disto aqui trabalho como ninguém
fico zonza feito
ninguém
nunca me deixou assim antes
enquanto eu sobrevivo
eu reconheço eu esqueço
eu fumo
o desprezo o nojo a inveja
a euforia a imaginação o tesão
se recombinam nas bases capilares do meu pulmão
fragmento de estrela luminosa
muco aversão à lactose amor pelo chocolate
banho de oliveira rosa branca tomilho
tomada pelo anjo
Maria foi fecundada
não sei por quem
mas acho que não era
ou era
ninguém.

Ninguém devia mexer com isto assim.
Você, ninguém
poderia ter nascido outro.
No entanto ninguém existe.
É importante, tem uma voz.

Hippie

É no *hippie* que acredita no amor que mora em mim
o hábito de ouvir música
e depois ficar com a cabeça cantando
mas só do lado esquerdo   da vida

o direito é estar livremente à mercê
da própria sorte: é este o destino
do princípio sempre o recomeço
do caminho que caminha em mim   viu

estou todos os dias desatualizada
na minha pessoa de tênis novos
hábitos velhos corações nos olhos
nada soa como nada nem é tudo   não

brincadeira − muito pelo contrário
é sério é sede é fogo é vento
também é tormenta ruído
os meus pés na tua frente liquefeitos   putz

é quase inverno − e o frio não me apavora mais
o gato já se habituou a comer as rosas
não importa o tempo lá fora
nem a confusão aqui de casa são   flores

eu trago coloco sobre a mesa
a beleza – é a minha emancipação
eu me entrego a confabular com o mundo
a sua capacidade de invenção   ah

por megalomania, gesto e respiração
observo o passar das rosas
algumas se ressecam outras apodrecem
todas perdem as pétalas.

Cânfora e cravo

Fiquei muito tempo a passar colírio
antes de escrever este poema
sobre o que eu sinto por você
o que eu sinto por você vive em mim
como as rosas nos poemas
podem ser cafonas
ou o sopro da primavera antevista
na véspera no voo da andorinha
na alergia a pólen
desaparecida desde que mudei de hemisfério
aprendi a usar certos truques
entretanto estou só na cidade
céu cor de zinco dia sim
dia não eu já te esqueci
é repentino – você volta
enquanto coloco as roupas pra lavar
imagino repetidamente uma mesma frase
não diz muito mais que um arroubo
uma cereja na boca quente
quero passar pela tua boca
com o calor eu ando pela rua
com o calor dos órgãos vitais entre os dentes
ouvindo um amigo cantar Waly
pertinho de mim
há certas articulações
palavras que caminham como formigas

podemos observá-las
numa artilharia lenta ao açucareiro
onde o que eu sinto por você resiste
meio agridoce
cansado pela canela e apaixonado pelo pescoço
o que eu sinto por você vive em mim
nas técnicas de luta corpo a corpo
nas químicas pra exterminar insetos
nos falares dos golfinhos assobiando
há quem desconfie deste discurso como autobiográfico
há quem desconfie deste discurso como *nonsense*
há quem escreva este discurso
há anos estou dizendo a mesma coisa:
carta, estrela, destino, dentes e cavalos
no fundo o que importa é dedicar-se ao substantivo certo
quanto menos pronomes melhor
podemos agradecer a esta língua
onde se pode dizer
eu com um verbo
ele com o mesmo verbo
conjugando diferente
amar ou amando
de quem?
A dádiva ao ar das magnólias
numa noite qualquer dessas
enquanto espero.

Vínculo

Vem por baixo da base a tua presença.
A tua presença me ativa a *kundalini*
alcançando a elevada onisciência
de uma xota quente
até a lombar pulsando.
Eu te sinto como um reforço
caído do céu pra me ajudar a ser quem sou.
Eu poderia me esforçar e te chamar de verão
mas você é a magia do vento combinado com o calor
rangendo o zinco dos telhados velhos desse bairro.
É o anjo de fogo que você desata em mim
o gatilho é o incêndio seu olhar, a vespa
zunindo em cima do capim.
O corpo todo intencionado
arrepio na coluna ondulando
pra dentro do casulo
só consegui me acalmar o suficiente
escrevendo mil páginas
na primeira pessoa do plural
que se enrola de muitos modos
e se atém a tantos
nós.

Fantasma

É bom que nosso amor vá ganhando assim
uma dimensão humana
a gente não precise atravessar paredes
mas só as correntezas, as colinas
os dias em que neblina na descida
ao subterrâneo de nós mesmos
– e sem dilaceração –
a curva dos dias
se tornando anos
mostra que o ponto
de um ao outro
– em nada retilíneo –
desenhou um círculo entre nós.

Isto a cada dia me acalma
conforme as fúrias e suas ventas
arrancam aos pedaços
os horizontes, os telhados
as perspectivas, as cabeças
com pouco ou nenhum interesse
se tenho alegria ou tendinite
tenho todos os dias as mãos cortadas.

Dia desses fritava um hambúrguer
quando o fogo subiu pra cima da frigideira.

Aquele pequeno incêndio que eu vi
eu pude assoprá-lo sem precipitação.
Confesso, depois que deu certo, tremi
perdi as bases, mas não deixei
que se instalasse o desespero
dos que estão imersos no destino.
Um dia é cedo no mesmo dia é tarde
e a ventania não alivia o calor.

Você

Só você sabe que eu não como a ponta dos pães
mas não sei como poupar as bordas das coisas,
limpar ou usar uma coisa até o fim também não é comigo.
Você também já viu de perto como posso perder o foco
ser levada pro invisível das coisas
e depois de muito me perder
de lá trazer mensagens bem claras.
Você já viu o cerne do meu medo
o quanto eu posso sentir medo
e que eu o herdei. Antes de mim
quantos da mesma espécie
– os iconoclastas com rigor – falharam?
Como você e também eu falhamos
uns com os outros. Mas eu já te disse
preferia que não conversássemos
nesses termos de erro
porque tanto no meu caso
como no teu
o perfeccionismo leva ao incêndio
e tem sido boa a temporada
de silêncio. Afinal, entre nós, o intervalo
sempre foi uma forma de ligação.
O primeiro SMS que você me mandou
falava que onde você estava o céu tinha estrelas.
Eu estava no Sul, você no Norte
e o teu país era o meu também.

Não chovia, mas eu não via um só brilho
no céu – eles estavam todos em mim
e como eram só teus
não te entreguei o fato.
Contigo não preciso nunca entregar nada
já está tudo sempre entregue.
Eu inventei que tinha visto as estrelas.
Hoje você sabe que eu exagero em tudo.
Posso até ter falado dos satélites
que vemos andando devagar no céu
dos lugares em que a noite é muito limpa
há pouca luz elétrica ao redor
então as pessoas falam ora direis os alienígenas
no entanto – você também sabe– deve ser a emissão
da BBC ou da Nasa, ou de alguma instituição
que nunca saberei muito bem o que significa
ou algo menos definido do que isso
mas você leu em algum livro a respeito
e você não vai me contar o que leu
porque acha no fundo que nada disso
me interessa
no fundo você acha que nem você interessa
embora teus olhos sejam o veículo do meu fascínio
e eu sei que isto é só uma forma
de você se manter comigo
no teu silêncio, no teu mistério.
Que é uma forma de sofrer no mundo.
Logo de início percebi que você
nunca se tornaria ausente
nem na solidão emaranhada

onde você se enfurna
abisma nos teus lugares
reconhece, alimenta os monstros
pacifica, encontra luz
onde eu espero que você nunca mais
me leve. Mesmo quando eu me esqueço
que estamos um ligado ao outro.
Mesmo quando eu quero te aniquilar.
E ainda enfim quando reina o silêncio
depois duma disputa, do gozo
ou durante o sono
profundo, distante
ou ao redor
você não some
você nunca se ausenta
mesmo nos milênios
em que se esquece
de falar comigo
se fecha
e desaparece.
Eu nunca duvidei
da tua presença.

Arquipélago

Nosso amor se debruça
n'algum ponto equidistante
entre dois oceanos terrestres.
Encontra-se radialmente exposto
nas redes interestelares do porvir
esquecido dele mesmo e por isso
reiterado, maiúsculo e minúsculo
ritmado pelo coração e o conflito
das pequenas coisas que não sabemos.

Nós que nos atracamos todos os dias
segurando garfos e por baixo de telhas
comemos, envelhecemos e disputamos
todos os dias a imensa vaga de absurdo
que faz as ilhas flutuarem
existirem cataratas e caveiras
densas matas grossos muros
cata-ventos e edifícios
que você constrói.

E eu escrevo.
Pois tudo o que o tempo rói
não será inaudível
não será mistério
nem será ruído.

Pois tudo o que nos envolve
é um breve
tão simples
e contínuo
dizer que sim.

Os fósforos que você roubou

Pessoa

Vive em mim uma pessoa muito passional
nos dias ímpares ela se liberta
nos pares ela se comporta
essa pessoa toma sol no caminho do trabalho
cumprimenta com delicadeza
escancara com cumplicidade
duvida com confiança
tem armadilha
lance coice
travesseiro peito
pede comida *delivery*
abre a janela escancara a porta
escancara os dentes a minha pessoa muito
passional diverge de si mesma
estabelece prioridades imediatas
convive com seus poemas antes de escrevê-los
dia sim dia não o nome de alguém esquece
a minha pessoa muito passional o fogo ligado
e ainda volta mais cedo pra tirar o lixo
alimentar os gatos a minha pessoa passional
adora alimentar
as veias de gordura os vasos com adubo
o rigor dos astutos
não assusta a minha pessoa
o escuro
a morte

o amor a minha pessoa passional
não conhece nada disso
a minha pessoa muito passional
não aprende
mas esquece
e dura
como dura como é dura a minha pessoa
de carne mole sangue fresco corpo vivo
muito passional a minha pessoa é.

Tea for two

Tanto faz parte do destino
das mesas estarem entre nós
que sem fazer alarde
uma agulha enovela
zonzos de calor
a ternura e o risco
uma criança enfia o dedo no bolo
como você encaixa o dedo
no anel da xícara
enquanto retiro lentamente
do seu papel
um canudinho pra sugar a vida
este saquinho
de açúcar
pesando na mão
rasgo com os dentes
pondero, mas não sei calcular
nem ponho no suco demais
pois pode explodir
um coração
estou evitando
mas agora consigo ouvir
meu corpo
é capaz de quebrar
um copo atrás do balcão
farejar o gás vazando

abrir a porta e sair correndo
pelo tempo que nunca houve
mandar, quem sabe, pedir
evacuar a área planetária
abrindo uma brecha no tempo
o gás alcança onde o ar atinge
se propaga a população mundial
nos níveis em que andam
as chuvas é um perigo
os postes as árvores caindo
as luzes todas piscando
esta conexão sem fios
atravessando os ventos os dias
crescendo como morangos
que eu peço mas não sei se
estão doces como comer
com garfo ou colher
eu sou cheia de dedos.

Semana internacional do silêncio

Estamos literalmente no olho do furacão
somos uma montanha aonde vão os peregrinos
alguns mitos — diriam — eu percorri por estilo.
Me sinto um pouco como o Bob Dylan em Cuba
daquela vez em que ele teve de rever conceitos
enquanto abria uma mais outra garrafa de gim.
Usando o parapeito da janela pra sentir seus fluidos
você se amassou em mim, ou fui eu que me amassei
num desejo
louco louco
nada manso
bem como convém
aos desejos da gente ser
gaivota uma tempestade uma ranhura
como um filete de página marcou a sua mão.
Eu não estava a fim de discutir Schopenhauer
ou a existência secreta de alguma sociedade morta
— estão todas *a priori* mortas sem discutir Schopenhauer —
ou qualquer coisa que tua inteligência seja capaz de se interessar
eu dou com os ouvidos escutando
a memória dos meus ossos
a me catapultar pra loucura dum tempo
mais ou menos sórdido como o nosso
você na beira de outro tempo
na beira da tormenta
em busca da lagoa mansa

– tanto faz –
quando os amantes se confundem
há quem chame de fusão mística, combustão espontânea
questão de pele, ginga, jogada, blefe e eu truco!
carma, desejo e necessidade, tesão e talvez
finalmente estivéssemos à porta de algo
a entrar e sair da porta de algo onde tudo
nasce e finalmente se encaixa perfeitamente
nos seus meandros de desencaixe e escuro
uma língua versátil e capaz de estabelecer
o rigor, o vínculo e o terror – palavras, enfim
aprendi a usar em português
mas depois a vida me fez perder a sintaxe
mais tarde veio a vida e me levou os conceitos
mais tarde veio outro e me tirou
daquela coisa conservadora em que eu estava
ninguém tinha reparado ainda que eu estava morta
só você talvez
porque já me ouviu
em cada miudinho
liberdade amor
selvageria e estilo
o estilo de novo – com que calçar
umas botas e subestimar os crocodilos.

Bubblegum

Aquele homem que não se esquece
aquele a quem chamo de aquele
aquele
não se esquece de mim
ele atravessa *a river*
he cries a little bit
no porvir
eu lhe devoto
o fogo.
Enquanto descubro
a claridade luminosa
de São Francisco
e tudo que ele aprendeu
com os animais
quem ladra sou eu.
Ele não veio de lá
nem veio daqui
também não é dele
o meu lugar
o meu lugar é meu.
Estou todo dia com ele
embora seus sinais intermitentes
me digam é onde
ele não está
aqui onde nós estamos

aqui há um pedaço
de mim e em mim
que é só seu.
Eu sei.
I will devir fera de pelúcia
nos dois *sides*
de mim
pra conseguir te acompanhar.
E se aquele procurar por mim
que suba as montanhas
estou sempre no topo do hoje
adeus cordilheiras, quiçá vaga-lumes
brilhem mais do que aquele
acordar com um corvo cantando
it was a pleasure
sentir você nas minhas mãos
comer geleia de *strawberry*
num canudinho
it's not the first time
nesta vida
que você me aparece
quando eu não consigo escrever.
Embora todo o universo se alimente
das trocas de mensagens
é mais difícil decifrar
as suas consequências
do que ler nos gestos
dos aborígenes dançando
o ritmo dos corvos

a língua do futuro nos céus
sparkling passado
borbulhando
no céu da boca.

Madrepérola barquinho

Levo com ternura as coisas preciosas que você me entregou
como as desconhecia não sei bem de que material são feitas
madrepérola barquinho de papel carne e passado
onde as colocar se nem cabem
nos armários que divido com o mundo
as misturarei no barro levado pelas enxurradas
asas para voar nos dias sem horizonte
um punhal para abrir a correspondência
eu carrego junto ao peito feito amuleto
amaciando os joelhos os tijolos sem metafísica estalam
as estruturas na esperança de que tudo estará desencontrado
e um travesseiro deita o meu pescoço no teu esquecimento
há embriaguez para as noites sem fumo
para as noites de lua todas as canções
dos compositores de destinos eu sopro
as melodias no vento que desce a rua
o vento em que me torno para te ensurdecer
me enovela me envolve e me acolhe
feito uma capa para os dias nublados
o sol volta a esquentar a nuca dos gatos
no parapeito da janela uma vontade de nunca mais
rodar as engrenagens que rodam
as folhinhas dos calendários
que já não se usam mais

a não ser em alguma parte
onde também o nosso amor insiste
aberto pela temporada de chuvas
fechado sempre que é primavera.

Sem nome e um pouco gago

Eu falo tanto.
Tanto de amor
pois assim eu o gasto
todo carcomido
como a sola do sapato
se curva pra dentro
de tanto ser pisada
torto pode ser
amor levante
as suas asas
numa revoada
venha se revolte
espume e recolha
quando é madrugada
vamos descansar
dos truques
eu sei tão pouco
eu blefo e juro
eu ofereço
agulha e tropeço
meus instrumentos
ser honesta e cruel
na minha boca
adocicado o caralho
líquido é o sal
anca com anca

prova na carne
o que é feito de carne
luz do suor
o encaixe do sol
o vai e o vem do mar
instinto não sei
algo me diz
não falha
o caminho a navalha
o clarão do cavalo
a aurora e o breu
tudo isso
mais um pouco
sou tua que tesão
e tão eu.

Plural

Não, não vá pensar na falta de propósito da vida esta noite
sua ambição seria delinear um abismo
pois modéstia você não encontra nem quando vai ao fundo
nem vá saltar as incertezas num punhado de fumo
a marejar os horizontes, os sentimentos, as calcinhas
e as meias trocadas de gaveta com elas
tudo um pouco mais bagunçado do que deveria
em nenhum canto desta casa há fogo
talvez encontre nos fósforos que você roubou dum restaurante
de peixe fresco e trouxe da Califórnia
talvez observar na faísca a dilatação da fenda
acendesse a capacidade de se iluminar
pelo sabor do vento que foi o primeiro toque
toque que a vida fez no seu rosto lembrança
quando seu corpo era só o luto
de alguém que em ti morreu
talvez esse alguém vivificado pelo vento
talvez o acúmulo de nuvens da cor da cidade no céu
talvez você seja capaz de juntar um girassol à dura noite
tornar proibido que pessoas com menos de 25 anos
possam alguma vez ser tristes
porque isso te faz sofrer
e no fundo é uma ambição ser simples
num gesto mágico
estou tão apaixonada pela densidade de cada coisa
que quero atravessá-las todas com os meus lábios

mas não quero que você traga nenhum peso para dentro
nem o cansaço nem o medo mas traga um pouco de rigor
a beleza das plantas carregando gestos de saúde
e o fato de que você não consegue ver ninguém
como um mestre
porque estamos todos perdidos mesmo
de nós dois, dos dias
talvez você possa acolher o instante
e tornar-se frágil
faz parte dessa sabedoria
assim como você aprendeu nos livros
a ouvir o que você sente
os órgãos também estão cheios de saúde
como os seus amigos que respiram todos os dias
todos os dias têm tantos gestos de saúde
que não acreditariam em você falando tanto
consigo mesma na segunda pessoa
e tão multiplicadas vezes no plural.

Pedras e maçãs

A estrela

De madrugada meu pai me enviou um poema comovido
pois sonhou com a minha bisavó que gostava de plantas
cujo marido criava cavalos
minha avó morreu nas minhas mãos
minha avó tinha ouvido absoluto
minha mãe tem fobia de encontrar um bloco de carnaval no meio da rua
já meu irmão se incendiou
e minha sobrinha faz planejamentos de organização dos brinquedos
hoje é aniversário da minha tia
minha irmã trata muito bem pessoas que não são loucas o bastante
meu tataravô morreu queimado pelo fogo que ele mesmo ateou
e voltou pelas suas costas
há quem venha de Aruanda
e meu marido vai pras Ilhas Maurício
meus padrinhos mudaram ontem para o Brasil com um cão
meus amigos vão ter uma filha
dia desses leram meu livro descendo o Amazonas
meu professor tem se transformado
muitos dos dias têm me escrito
as pessoas
todos os dias me procuram
meu amigo terminou seu disco
meu amigo saiu do grupo
meu amigo tem que cuidar do seu irmão como se ele fosse o seu pai
meu amigo vai lançar seu livro
meu amigo é um gato

meu amigo conseguiu um emprego
e só os céus sabem como ele é miserável agora
minha amiga comprou um apartamento e não sabe onde vai viver
minha amiga inaugura uma exposição daqui duas semanas
e ainda está a desenhar
mas não chegou ao osso do desenho
minha amiga vai cantar na Bélgica
e não sei bem quando a minha amiga volta da Polônia
minha amiga está novamente apaixonada por ela
uma menina que conheço deu um basta no ex machista
e eu torço pra que não voltem
enquanto meu amigo tem feito cerâmicas no fogo
pra impedir que o luto avance sobre ele
em cima da mesa do escritório meu sogro
está em Goa, em Angola, nas fotografias
meu irmão está em Belém
minha amiga saiu do retiro e marcou de ler seu mapa
vamos nos encontrar pra tomar qualquer tipo de chá
meu amigo contou que sua filha viu unicórnios
entre os *emojis* usados no seu celular e disse te amo papai
eu mesma escolho bem as minhas figurinhas
minha sobrinha tem o nome da luz
meu sobrinho está quase adolescente
meu sobrinho tem uma namorada de nome sabedoria
minha sobrinha entrou na faculdade
meu avô comia ovo todas as manhãs como eu
hoje não comi e fiquei mal-humorada
meu avô era bruxo um arbusto e pai de santo livre como ninguém
e eu herdei muita coisa
mas meu mau humor é algo que não desejo — a quase — ninguém

neste momento mesmo alguém que conheço
deve descer em Santa Apolônia
a pensar que a vida é tão difícil
mas essa luz sem conhaque a nitidez dos dias
ilumina
não sou
ninguém sem eles
com eles sou alguém
a estar neles.

Educação física

A história do meu primeiro beijo de língua
começa comigo muito velha
escrevendo numa autobiografia
luminosa a quadra de piso branco
ardida do sol
onde jogávamos
hand ou *fut*
suada e vermelha.
Tive um espasmo tão absorto
no fim da aula eu estava tão certa
de mostrar pra roda de nós mesmos que nos rodeava
ser a milionésima vez na minha vida de doze anos de idade
que um rapaz um ano mais velho do que eu
o das coxas mais bonitas da nossa série
colava em mim algo líquido e firme.
Por dentro em pânico congelada
os músculos se contraíram todos
juntos e soltando foram
se soltando juntos também.
Novidade mesmo
é que até então eu não sabia
ser capaz de escorrer.

Supernova

Levei muito mais anos pra saber onde vai o acento
na palavra clitóris do que para acentuá-lo. E quando o vento
sopra por dentro da minha garganta vital o som vibrante
sobe muito gutural eu sei eu gemo sabes quem sou?

Breve iluminação budista

O rapaz com quem
deixamos de ser virgens juntos
propôs um dos primeiros
exercícios que faríamos
seria nos colocarmos
um no lugar do outro.
Isto criou um impasse
ilusionista como são todos
os impasses do desejo
como iríamos juntos
parar um dentro do outro?
Se estávamos, se nascemos
e continuaremos separados?
E nos desdobramos tanto
chegamos ao possível
colocar-se no lugar do outro
pela consciência
de se meditar num outro
sendo o mesmo.
Então nos perdemos.
Por que se eu me colocar
no lugar do outro
onde terei colocado o outro?
O outro é aquele o outro
que se move
por si só.

Lavanderia

A Charlotte cruzando com o gato da Glória na salinha de televisão
gritando com fúria como se tivessem feito um crime de trazê-lo
o estrangeiro estranho macho. Depois ela o lambeu muito.
Não entendi muito bem se ela tinha gostado, se eram amigos.

De madrugada na televisão que eu tinha ganhado recentemente
14 polegadas Philips antena acoplada os canais botões na frente
um homem gordo vestindo terno e gravata em frente a uma igreja
colonial enrabava uma mulher no mesmo gesto que o gato da Glória

tinha feito com a Charlotte. Não entendi se ela tinha gostado
não pude ver a cara dela. Passei anos pensando que os humanos
só fodiam na mesma posição que os gatos. Um dia nas gavetas
da cômoda da lavanderia encontrei umas revistas esquecidas

pelo meu irmão, provavelmente, quando se mudou de casa.
Uma mulher só seios com uma cereja no cu e a boca feita
num bico como um cu. Não me espantou, nem seduziu.
O frio dos azulejos quando alguém entrou na cozinha.

Lápide

A primeira vez que eu enterrei você
nem se deu conta de que eu te enterrava
pás e pás de terra areia argamassa
cimentado você seguiu respirando
como se nada tivesse acontecido
fincando raízes pulmonares
no chão da minha passagem.

O mesmo chão em que pela primeira vez rasguei
com as duas rodas da minha Monark Cross
era um rali descer a ladeira
o vento nos aros girando
o vento todo na minha cara
você dentro do chão como um batatão
crescendo lá no fundo uma cenoura
com a indiferença vegetal que só os legumes têm.

A primeira vez que eu enterrei você
foi ao lado da tua coragem e dos desejos que você não cumpriu
das rosas que não foram podadas em meu nome
jogadas por cima dos parafusos da minha bicicleta
afrouxados pelo menino que não gostava
que eu ditasse as regras do jogo
ele tinha 6 anos, eu 5.
Além de desparafusar os pedais
da minha bicicleta

o menino mijou na minha perna
deixando bem claro
do que eles são capazes.

Este foi enterrado entre os indigentes
não soubemos recuperar seu nome
no banco de dados: memória sem *backup*
este não será perdoado, mas catalogado
como o menino entregue aos urubus.

A primeira vez que eu enterrei você
foi junto do professor que tropeçou
caiu e quebrou os dentes
na caixa de correio
ficando com as cartas e os selinhos
grudados no crânio da sua autoridade
na mandíbula da sua mediocridade
quando o carro desengatado
despencou foram encontrados
os recursos do colégio de classe
além de uma ou outra caneta Bic
a perfurar-lhe os cornos
do certo e do errado.

A primeira vez que eu enterrei você
usei a sua própria morte como material
dos pregos batidos na madeira
três vezes nunca se cruze
o seu caminho com o meu.

A primeira vez que eu enterrei você
foi quando a escola separava
os meninos das meninas
era *normal natural necessário*
nas aulas de Educação Física
nas viagens de Estudo do Meio
faziam gincanas tipo Guerra dos Sexos
depois os meninos se trancavam todos num mesmo quarto
e iam gritando Gulliver conforme gozavam.

A primeira vez que eu enterrei você
líamos os mesmos livros
eu tive pneumonia e a casa assaltada
quando você me disse que não dava
pra continuarmos juntos se eu não quisesse
então transamos por meses sem eu querer
até você começar a brochar, mais humilhado
do que por transar comigo sem eu querer.

A primeira vez que eu enterrei você
foi cantando *La flor de la canela*
com meus fones de ouvido
a liberdade de nascer solteira
batendo os pés no chão
atravessando a Av. Brasil
gratuitamente ergui
as mãos aos céus saudei
os caminhos abertos
por ter te deixado

me agradeci às graças
por existir sem você.

A primeira vez que eu enterrei você
foi no seu buraco
enterrado sozinho
com os seus buracos.

Take the long way

Sólido

Sólido é o vento
leva as coisas embora.
Sólido o vento
leva. O vento
sólido.

Fogo cruzado

Queria escrever com ódio o teu desaparecimento
erguer fúrias e avanços como fazem
a lava, os maremotos e os delirantes.
No entanto mandei outro *e-mail*
falando do vermelho dos pássaros do Índico
como no *jazz* o drible da constância é a própria duração
de umas gotas de chuva na nuca
região fadada à incorporação de entidades
às tensões musculares, aos arrepios
à necessidade da cabeça se curvar
coisas talvez que te lembrem na vida
do que gostas — é tudo movimento
e é importante que tu não desapareças de vez.
Ter um anzol, um ponto de regresso, farol
esquecer que, no fundo, os suicidas têm sempre razão.
Quando você foi visto a 150 quilômetros de casa
rumo à Moldávia, Botsuana, Brasil
ou qualquer um desses lugares que só existem nas aventuras
dos teus livros lidos desde menino
percorrendo a eletricidade do teu corpo
— disseram os que te viram — cacos de vidro
arames retorcidos no lugar das ideias
uma grande incapacidade de ser insensível
somada ao egoísmo que todos temos.
Que tornou argamassa o horizonte?

Antolhos é o nome do acessório de tapar a visão
dos animais a carregar fardos maiores do que eles.
Ou qualquer coisa assim na tua face
os 150 corpos mutilados
mortos estampados nas capas dos jornais
eu espero que você não tenha visto
no longo caminho pra longe de si
as notícias dos últimos dias.

Cruel

Não tem nada dentro além de frio.
O nunca mais mora muito longe.

Exílio

Já estive tão certa de mim.
Hoje me levanto vertiginosa como uma fibra de trigo
como um girassol plantado ao acaso um catavento
o meu pensamento roda com o passar do tempo
em que ficamos sem nos ver.

No tempo em que ficamos sem nos ver
perdi alguns amigos – voltei a cozinhar.
Mas houve um dia em que eu fiquei tão triste
pra você ter ideia meu celular corrigia *saudável* por *saudade*
eu me comovia com o passarinho encolhido atrás de uma flor
e a flor mesmo através do vento mexida e revigorada.
Uma coisa estúpida de tão pequena.

Como eu. Fiquei tão triste que a boca me caiu da boca
depois tão amarga a boca passou dias a desencalacrar
um ou dois nomes de dentro de mim
seria o suficiente uma ou duas ausências
mas em pouco menos de um mês perdi
57 milhões de habitantes a boca da noite caiu
era uma dentadura quem diria uma dentadura.
A constituição não sabe se há de aguentar este corpo.

Ficou tudo tão triste que saí pra tomar sorvete.
Fiquei com medo de contar isto pra mais alguém
tão nublado o tempo, podem me apontar: há contradição

entre se estar tão triste e sair pra tomar sorvete
uma problematização sobre a qual este poema passou raspando.
Agora vou mergulhar como um parafuso.

Isto desde o começo é só pra contar que na esquina
em que nos despedimos, alvoroço e delírio
um casal tão mais jovem que eu mais jovem que você então
nem se fala o quanto se beijavam com a língua da ênfase
tentei invejá-los – mas não consegui, o meu espírito foi sequestrado
pela alegria do chocolate na minha língua, eu não sei o que é *gianduia*
você certamente saberia me dizer mas não diria exatamente
não sei se por insegurança ou charme quem sabe piscaria lentamente
os olhos e se afastaria – eles não.
Eles foram embora abraçados.

Rainha

Calma comigo
tempestade
sou teu abrigo.

Granada

Posso

Posso te esperar a tarde inteira
atravessar você — o precipício
ou te chamar de *canyon*
e colocar uns pássaros voando nele.

Posso te mostrar a parte de dentro
das coisas, da carne — posso me rechear
inteira de cuidados, lanças e perfumes
e desmontar à tarde todas as coisas.

Posso inventar-nos um desfecho
te chamar de ilha, charco, travessia
esquecer eu não posso — posso
dizer que eu irei me lembrar.

Posso perguntar pelo tempo
e assim conversaremos sobre o breu
normativo e inconstitucional desses dias
e de como não seremos derrotados.

Um pelo outro, talvez, não.

Amansar

Amansar a ideia de vê-lo
é o tecido dos meus dias
eu me recubro totalmente

com este selo — esta companhia
podemos nos amar na distância
transcender o espírito largo

é o fosso que nos separa
contigo estou — sempre — a um passo
do abismo escuto o eco dum graveto

quebrando lá embaixo o clique
pra uns ouvidos abertos é tão nítido
quanto o teu desejo de ficar comigo.

Cílios

Entre nós a dimensão que importa
é o tamanho dos teus cílios
e como eles se curvam
conforme você ri ou se preocupa

estudo tanto cada gesto – cada passo
consulto tudo que eu posso
vejo sinais em tanto – colho indícios
contudo espero o instante

em que algo ou tudo pode sair do lugar
alguém quebrar os dois tornozelos
perder o *timing* do *spaghetti*
e o macarrão ficar molenga

ou uma abelha zunindo no cabelo
fascinada pelo açúcar no café
num acesso de vertigem
todo eu é ruidoso

porque eu vivo
e você também
e o que é vivo
se descontrola.

Poça d'água

Olhando bem pra dentro de você
o quanto você é difícil se espraia
dos seus olhos profundos ao buraco negro
seu íntimo me é tão completamente interditado

às vezes eu me pergunto
se aqueles que conheci antes de ti
não estavam a antecipar a estreia
de conhecê-lo naquele entreposto da vida

eu já tinha me estrepado o bastante
pra não pular em qualquer poça d'água
achando que era um abismo
naquela época eu andava numa distância

suficientemente segura dos abismos
tanto que já tinha inclusive esquecido
a capacidade do amor nos levar aos precipícios
as precipitações ativarem

os respeitos, os conflitos, os desmedidos
impróprios imperfeitos instáveis
improváveis e no entanto sempre
perspicazes pertinentes acasos e motivos

de estarmos para sempre *forever and ever*
juntos de uma maneira jovem
nosso amor adolescente
se curva numa cambalhota

e nos remonta todos os dias
como quem sela o ânimo
e monta o vivo no invisível
atrela sua espora

como quem voltou a andar
a dizer e a concordar
em todos os tempos
o substantivo cavalo.

Aliança

O meu garoto não é alto
mas as suas mãos compridas
têm tal delicadeza
com que precisão
alcançam os vaga-lumes

do meu espírito intranquilo
entre o búfalo e a borboleta
estou precisamente neste estado
em que as larvas não arrebentam
nem as cobras trocam de pele à toa.

Vou deixando as coisas pra trás
embora seja impossível soltar
meu garoto não é bem meu
o tempo todo ele observa
o crescimento das samambaias

a mesma cordialidade com que ele observa
o inesgotável afeto dos animais domésticos
também é um mistério pra mim
a sua capacidade de só cultivar mistérios

sem códigos, quilometragem ou mesuras
meu garoto — pois eu te sei, vem

diz assim pra mim
quero você.

O deus-dará e o louva-a-deus

Tenho descoberto que a solidão
só o amor é capaz de mostrar.
Durante muito tempo evitamos
as práticas solitárias.

O deus-dará e o louva-a-deus
são ambos organismos capazes
de se movimentarem
com a mesma precisão dentária

uma mandíbula se multiplica.
Eu vi um sujeito mastigando
troços de papel carbono.
Com os mesmos dentes

sem nem limpar ele mordeu
a carne da amada
rapidamente
o carbono marcou

entrou por dentro
dos músculos
das minhas veias
de diamante.

Rosas

O amor me esquartejou em seis
continentes incapazes de se conter
o modo que eu morri
foi tão de repente.

Confesso fui eu que puxei seus dentes
antes e durante o entardecer tem rosas
nítidas e supérfluas sobre a mesa
purificando o meu espírito trôpego.

Foi-me dado um candeeiro fiz um circo
ateando o chicote no lombo do acidente
me antecipo cada vez que vejo um poço
teu vitalício laço de fita, nó de corda,

meu amor,

A tua língua vale o que vale
teu ricochete, teus meandros
medos, usuras, os prevenidos
armários de família.

Abertos pelo caos nos guiamos
olhos mais longos que os de Lúcifer
moram nas suas coxas
quando me anteveem.

Marfim, colchão mole
água na boca
no tronco um portão
noite luz.

Ferrugem

Em muitos dos dias que são quaisquer
água com gás às vezes me lembra você
embora o girar que despressuriza a garrafinha
tenha levado o seu nome embora da minha boca

numa lenta dissipação como derretem
os teus sopros no ouvido de outro alguém
ou o assobio que não sai dos teus lábios
quando a noite chega e você não tem ninguém.

Chocolates guelras e serpentes eu beijei
a tua língua tinha às vezes gosto de papel
como a praia da enseada às vezes o horizonte
é nítido e fica azul como o dia de amanhã.

Foram anos assoprando o esquecimento — eu escrevia
mas às vezes alguém esquece de amarrar os sapatos
tropeçando em cada esquina, curva
onde você não estava.

Aposto às vezes que você acorda com os trovões
te fazem cerrar as pálpebras como os gatos
saltaram no momento em que a luz oscilou
a boca do porvir se abriu

por dentro de mim com seu hálito
de garganta, o seu bafo de sol
oxidou meu coração
brilhou.

Sargaço

Acordei com dois pardais dentro do quarto
se debatiam procurando o que não fosse vidro
radical em ser transparente e firme

eu causava sustos ao me aproximar
abri a janela
é o certo a se fazer com o que não se deixa tocar

no quintal caracóis imensos disputam
os restos de mamão que deitei aos passarinhos
bem cedo enquanto pedia beleza

suplicava por favor eu quero escutar
não é a primeira vez que numa ilha
meus ouvidos entopem

meu bisavô sofria do mesmo
não sei se ele escrevia, se visitava as ilhas
se perdeu como se perdem na terra

os homens têm tal mística com o mar
ser instável na sua regularidade
marulho salsugem saudade

entre as palavras que eu sei lembrar.

Romã

Foguetes em ignição

11 Leitor
15 A importância de ser ninguém
18 Hippie
20 Cânfora e cravo
22 Vínculo
23 Fantasma
25 Você
28 Arquipélago

Os fósforos que você roubou

33 Pessoa
35 Tea for two
37 Semana internacional do silêncio
39 Bubblegum
42 Madrepérola barquinho
44 Sem nome e um pouco gago
46 Plural

Pedras e maçãs

51 A estrela
54 Educação física
55 Supernova
56 Breve iluminação budista
57 Lavanderia
58 Lápide

Take the long way

65 Sólido
66 Fogo cruzado
68 Cruel
69 Exílio
71 Rainha

Granada

75 Posso
76 Amansar
77 Cílios
78 Poça d'água
80 Aliança
82 O deus-dará e o louva-a-deus
83 Rosas
85 Ferrugem
87 Sargaço

Romã
Júlia de Carvalho Hansen
© Edições Chão da Feira, 2021

COORDENAÇÃO EDITORIAL Maria Carolina Fenati
PRODUÇÃO EDITORIAL Júlia de Carvalho Hansen e Luísa Rabello
REVISÃO Marcos Visnadi
PROJETO GRÁFICO Luísa Rabello

Edições Chão da Feira
www.chaodafeira.com
chao@chaodafeira.com

Dados Internacionais de Catalogação na Publicação (CIP)

Hansen, Júlia de Carvalho, 1984-.
H249r Romã / Júlia de Carvalho Hansen. – Belo Horizonte, MG:
Chão da Feira, 2019.
92 p. : 14 x 20 cm

ISBN 978-85-66421-20-0
1. Literatura brasileira – Poesia. I. Título.
CDD B869.1

Elaborado por Maurício Amormino Júnior – CRB 6/2422
EDOC BRASIL, Belo Horizonte/MG